CHAMBRE DES DÉPUTÉS

DEUXIÈME LÉGISLATURE

SESSION DE 1879

Annexe au procès-verbal de la séance du 24 mars 1879.

PROPOSITION DE LOI

SUR L'*organisation des* écoles et musées d'art
industriel,

PRÉSENTÉE

PAR M. ANTONIN PROUST,

Député.

EXPOSÉ DES MOTIFS

Messieurs,

Les sociétés modernes vivant surtout par l'industrie, et le dessin étant par excellence la langue de l'industrie, les gouvernements soucieux des intérêts qui leur sont confiés, ont le devoir de développer l'enseignement des arts du dessin.

La plupart des gouvernements étrangers ont si bien compris l'étendue de ce devoir, qu'ils ont depuis quelques années multiplié les institutions destinées à favoriser l'enseignement du dessin, et que nous avons pu constater à l'Exposition universelle de 1878 combien ont été rapides, grâce à cette prévoyance, les progrès accomplis dans les industries d'art par des peuples qui n'étaient encore naguère que nos imitateurs et qui sont aujourd'hui nos rivaux.

Voici d'ailleurs un court exposé de ce qui a été fait en faveur de l'enseignement du dessin appliqué à l'industrie chez les principales nations étrangères.

Angleterre.

La première exposition universelle ouverte à Londres en 1851, ayant hautement démontré la supériorité de la France sur les autres nations dans les œuvres d'art industriel, le Gouvernement anglais se mit à l'œuvre avec cette énergie d'action propre à nos voisins. Jusqu'à cette époque, l'enseignement des arts du dessin en Angleterre avait été abandonné à l'initiative privée. Le Gouvernement s'empara de la direction de cet enseignement.

L'*Art-département*, section du Conseil privé, fut créé pour propager dans tout le Royaume-Uni l'étude des arts du dessin. Avec les nombreuses ressources mises à sa disposition, ce département nouveau, établi pour mettre l'industrie anglaise en état de lutter avec la nôtre, fonda le magnifique musée d'art industriel de South-Kensington pour la formation duquel le gouvernement anglais a recueilli dans l'univers entier des chefs-d'œuvre de tous les genres.

Sans nous étendre sur l'organisation de l'*Art-département*, nous dirons que depuis sa formation, il a fait faire aux métiers d'art en Angleterre des progrès considérables. Non seulement cette administration a créé le musée de Kensington, le musée industriel le plus complet qu'il y ait en Europe et auquel sont adjoints un conservatoire des arts-et-métiers, une école normale pour les professeurs de dessin, une bibliothèque très-riche en livres sur les arts, un magasin de fournitures pour le dessin et la peinture, mais encore elle a multiplié dans tout le royaume des écoles de dessin.

Lorsqu'un bourg ou une ville veut établir une école de dessin, l'*Art-département* donne une subvention qui varie suivant le nombre des cours institués et suivant l'importance probable de cette école.

Il fournit, en outre, aux écoles de dessin des modèles avec un rabais de 50 0/0.

« Le gouvernement, dit une circulaire, se propose d'encourager l'enseignement des principes généraux du dessin qu'il considère comme élément essentiel de l'éducation nationale au point de vue industriel. »

Nous devons ajouter que le Gouvernement anglais est grandement aidé dans la tâche pour la création des écoles d'art par les associations libres appelées *mecanichs-instituts*.

L'action de l'*Art-department* se manifeste sur les écoles d'arts de diverses manières :

1° Par des récompenses accordées à toute école publique dans laquelle le directeur de l'école d'art ou un maître ayant des diplômes fait un cours de dessin ;

2° Par des examens subis chaque année par les élèves des classes libres et ouvriers qui fréquentent les écoles d'art. Des prix et des certificats de différents degrés, des médailles locales sont délivrés aux élèves ; puis les meilleurs travaux sont envoyés à Londres où ils sont l'objet d'un concours général à la suite duquel on décerne des médailles nationales.

3° Enfin, les maîtres de dessin reçoivent de l'*Art-department* des subventions proportionnelles aux résultats obtenus par leurs élèves.

Pour stimuler le zèle des professeurs pour les obliger à se perfectionner eux-mêmes dans l'art du dessin, l'*Art-department* ouvre chaque année un concours entre eux et leur accorde des récompenses.

Cette administration complète l'enseignement donné par le musée de Kensington, par l'organisation d'expositions ou musées ambulants composés de reproductions ou d'objets qui peuvent être détachés de la collection-mère sans la dépareiller. Ces objets sont envoyés dans les différents comtés qui en font la demande afin de permettre aux dessinateurs quvriers d'y étudier les modèles qui peuvent développer leur goût.

En outre du musée d'art industriel de Kensington, il existe à Edimbourg le musée industriel d'Ecosse et à Dublin le musée industriel d'Irlande, relevant tous les deux de l'*Art-département*.

Le budget affecté à toutes ces institutions s'élève à la somme d'environ 6 millions.

Allemagne. L'Allemagne a aussi, depuis 1852, organisé à moins de frais, mais avec autant de succès, l'enseignement des arts du dessin. Elle a institué dans presque toutes les communes un enseignement du dessin, du modelage, de la sculpture sur pierre et sur bois. Elle a multiplié les écoles industrielles dans le programme desquelles le dessin linéaire et le dessin d'ornement ont une grande part.

En dehors de cet enseignement industriel qui dépend de l'Etat, il existe dans toute l'Allemagne un grand nombre d'écoles du dimanche et d'écoles du soir, où le dessin est enseigné aux artisans en vue de son application aux métiers qu'ils doivent exercer.

Ces écoles, créées par les administrations communales, reçoivent pour la plupart des subsides de l'Etat.

C'est en 1853 que fut fondé à Munich le musée national bavarois dans lequel se trouvent tous les éléments d'un musée d'art industriel contenant des collections considérables.

Nuremberg qui possède des écoles de dessin, regardées en Allemagne, à juste titre, comme celles qui ont rendu le plus de services à l'industrie, a créé en 1852 un musée d'art industriel. Dans ce musée, on y a réuni les objets intéressant la Germanie tout entière, ainsi que les produits qui, dans les autres pays, ont eu une influence sur l'Allemagne au point de vue de son développement artistique.

A Berlin un musée industriel a été organisé en 1867; le

noyau des collections de ce musée est formé des objets d'art et des échantillons des diverses industries achetés par le Gouvernement à l'Exposition universelle de Paris. A ce musée qui réunit de nombreux spécimens des anciennes industries allemandes est annexée une école de dessin fréquentée par un grand nombre d'élèves.

Le programme de l'enseignement qui y est donné comprend les différents genres de dessin et de modelage. Les cours ont lieu le soir et le dimanche, ils sont institués dans le but de former de bons ouvriers et non des artistes.

Cet établissement a un budget de près de 60,000 francs par an.

En Belgique, une Commission, instituée en 1852 par le Ministre de l'Intérieur, fut chargée d'étudier une organisation des écoles de dessin dans le royaume belge. Dans la circulaire qui motivait l'institution de cette Commission, le Ministre disait qu'il avait constaté que les écoles de dessin attendaient une organisation en rapport avec les besoins de l'époque, qu'il y avait beaucoup à faire pour régulariser, développer, perfectionner leur enseignement. « Car on avait eu malheureusement à constater qu'à l'Exposition universelle de Londres en 1851, la Belgique s'était trouvée inférieure à d'autres nations dans les industries d'art. » Après avoir émis l'avis qu'il était utile d'introduire l'enseignement du dessin dans toutes les écoles primaires, cette Commission formula le vœu qu'après l'enseignement des principes généraux, « le Gouvernement donnât à l'étude du dessin la direction la plus utile aux professions exercées le plus spécialement dans chaque localité. »

Un arrêté du roi contresigné de M. Primez, Ministre de l'Intérieur, en date du 10 juillet 1869, a organisé les écoles de dessin conformément aux vœux de la Commission instituée en 1852.

Comme en Angleterre c'est au moyen de subventions que

l'Etat encourage en Belgique l'enseignement donné par les écoles de dessin.

Autriche. En Autriche où le dessin est d'abord enseigné dans les écoles primaires, le nombre des écoles spéciales pour les industries d'art est considérable. Ces écoles qui sont entretenues par les Chambres de provinces, par les Comités d'industrie et par les grands établissements industriels reçoivent des subventions de l'Etat.

La création du musée industriel de Vienne en 1863 a donné une vive impulsion à l'enseignement du dessin.

D'après le rapport des délégués autrichiens à l'Exposition universelle de Paris 1867, les méthodes et les collections de modèles étaient supérieures aux méthodes et aux collections de modèles de France. Ce rapport reconnaissait cependant que ces méthodes et ces modèles avaient grand besoin d'être perfectionnés.

Aussi depuis 1867, les Sociétés industrielles surtout ont-elles fait de grands sacrifices pour améliorer l'enseignement du dessin. « L'Exposition universelle ayant fait constater, disait à la fin de 1867 le journal de la direction du Musée industriel de Vienne, que si les produits des industries autrichiennes sont solides et bien fabriqués, ils sont cependant inférieurs comme goût à ceux de la France et de l'Angleterre, le gouvernement doit se donner pour objectif de fortifier les industries artistiques. »

Italie. En Italie, des demandes fréquentes ont été faites en vue de la réorganisation dans tout le royaume de l'enseignement des arts du dessin dans leur application à l'industrie. Dans une circulaire adressée aux préfets, il y a quelques années déjà, le gouvernement appelait l'attention de ses agents sur ce fait que les diverses industries ont besoin du dessin, que cet enseignement doit faire partie de tout système bien ordonné d'instruction populaire et que sa diffusion, enfin, doit retremper l'industrie nationale.

En Suisse, l'enseignement du dessin se donne dans presque toutes les écoles primaires. Des cours du soir et du dimanche pour les apprentis et les ouvriers sont spéciaux aux différentes branches du dessin. Suisse.

Depuis un certain nombre d'années un grand développement a été donné aux écoles de perfectionnement ou écoles d'artisans. Ces écoles, destinées à procurer aux apprentis et aux ouvriers les connaissances pour apprendre à exercer leurs professions, à s'y perfectionner et à devenir des ouvriers habiles, sont créées par des sociétés, par des associations spéciales ou par des communes. Pour subvenir à une partie de leurs dépenses, elles reçoivent une allocation de l'Etat proportionnée aux besoins de l'établissement et aux services rendus par l'institution.

A Genève la Société du Grutli, le Cercle populaire ont organisé des cours de dessin industriel et artistique pour les apprentis et ouvriers.

A Berne, la Société des artistes a fondé une école de dessin, à laquelle le gouvernement accorde une subvention de 2.000 francs par an.

A Fribourg, la Société des Amis des Beaux-Arts (Kunst-Verein) a créé une école de dessin et de modelage dans le but de développer les industries tenant à l'art exercées dans ce canton et dans la Ville.

Dans beaucoup d'autres cantons il existe des sections du Kunst-Verein qui s'efforcent, par l'organisation d'écoles et de cours spéciaux, de développer l'enseignement de l'art dans ses applications aux industries locales.

Dans les pays du Nord de l'Europe, en Suède principalement, où les habitants recueillent déjà depuis longtemps les bienfaits de l'instruction obligatoire, le dessin est enseigné Suède.

aux enfants en même temps que l'écriture ; des écoles techniques existent dans les principales villes et les Sociétés verrières s'efforcent de développer l'instruction industrielle.

Russie.

En Russie, où il y a tant à faire pour vulgariser l'instruction même la plus élémentaire, on peut constater cependant une tendance vers les arts industriels. Depuis 1863 a été fondé, à Moscou, un musée d'art industriel où les artisans trouvent réunies des collections de modèles de tous genres en rapport avec leurs travaux. Saint-Pétersbourg, de son côté, a son institut technologique, établissement créé également en vue de l'instruction industrielle.

États-Unis.

Ajoutons enfin qu'aux Etats-Unis d'Amérique, l'enseignement du dessin fait partie du programme d'instruction appliqué dans les 200,000 écoles primaires. Voici ce que dit M. Ch. d'Henriett sur la manière dont on y pratique l'enseignement du dessin : « Dans les Etats-Unis d'Amérique, il ne s'agit pas plus de faire de tout homme un artiste en lui enseignant les éléments du dessin ou en le mettant à même de les trouver par son initiative personnelle, qu'il ne s'agit de faire un savant de chacun de ces adultes ou de ces enfants qui viennent s'asseoir sur les bancs des écoles. On n'encourage pas la présomption de tous, comme on l'a dit. On règle les aptitudes, on leur permet de se développer en plaçant à la portée de chaque individu l'enseignement qui lui est approprié. »

On voit par cet exposé succint de l'état de l'enseignement des arts du dessin chez les principales nations étrangères que, depuis 1851 presque toutes les nations ont fait de grands efforts pour rivaliser avec nous dans les industries d'art. Pendant qu'à l'étranger on créait ainsi des musées d'art industriel, qu'on fortifiait les écoles de dessin, le gouvernement en France ne paraissait prendre qu'un médiocre intérêt à tout ce qui pouvait vulgariser le sentiment de l'art

Cependant depuis longtemps déjà des esprits soucieux de notre réputation artistique et de l'avenir de nos arts industriels sollicitaient le Gouvernement d'une façon pressante de donner à cette branche de l'enseignement des arts une direction hautement revendiquée par les gouvernements des autres nations.

En outre le Gouvernement était chaque jour officiellement averti du danger que faisaient courir à nos industries d'art le défaut de protection de la part de l'Etat.

Après l'exposition universelle de Londres en 1851, M. le général Morin, dans un mémoire adressé à l'empereur, s'exprimait en ces termes :

« L'exposition universelle de Londres a manifesté à l'Angleterre la supériorité de la France dans les arts qui dépendent du goût, de la forme et de la couleur. Au lieu que de la contester, elle s'est mise de suite à l'œuvre avec ses immenses ressources et avec son énergie habituelle pour créer des musées, des écoles de dessin, et en couvrir le pays. La Reine, les particuliers, ont dépouillé leurs collections pour enrichir les musées de l'art pratique des plus beaux échantillons de porcelaine, de bronzes, de sculptures, etc., etc.

» On impose aujourd'hui, en Angleterre, aux instituteurs primaires la condition de savoir dessiner pour qu'ils puissent commencer à habituer l'enfance aux règles de la forme et de la couleur.

» On peut regarder comme certain, ajoutait le rapport du général Morin, que d'ici à peu d'années, l'Angleterre aura fait d'immenses progrès dans les arts du dessin.

Plus tard, M. Mérimée, dans un rapport qui avait particulièrement pour objet l'étude de l'enseignement industriel, appela l'attention la plus sérieuse du Gouvernement sur la nécessité de prendre des mesures propres à garantir les industries de notre pays.

« Depuis l'Exposition universelle de 1851, et même depuis celle de 1855, est-il dit dans ce rapport, des progrès immenses ont eu lieu dans toute l'Europe, et bien que nous ne soyons pas demeurés stationnaires, nous ne pouvons nous dissimuler que l'avance que nous avions prise a diminué, qu'elle tend même à s'effacer.

Au milieu des succès obtenus par nos fabricants, c'est un devoir pour nous de rappeler qu'une défaite est possible, qu'elle serait même à prévoir dans un avenir peu éloigné, si dès à présent, ils ne faisaient pas leurs efforts pour conserver une supériorité qu'on ne garde qu'à la condition de se perfectionner sans cesse. »

Si le Gouvernement français ne prêtait pas à ces avertissements toute l'attention désirable, il était aussi, nous devons le reconnaître, fort embarrassé pour porter remède au mal qui lui était signalé. Depuis longtemps on se faisait, en effet, en France, une très-fausse idée de ce que devait être le système et les méthodes d'enseignement en matière d'art industriel.

Au lieu de faire revivre le plan si simple et si vivant des hommes de la Révolution qui avaient réclamé l'enseignement des principes généraux de l'art comme premier degré de l'éducation professionnelle, puis l'institution de cours faits dans nos musées ou dans des musées spéciaux en même temps que la création d'écoles destinées à favoriser les études nécessaires à chaque industrie particulière, on estimait qu'il fallait se borner à organiser à côté de l'enseignement des beaux-arts proprement dits, l'enseignement technique, enseignement qui dans la pensée de nos gouvernants était bien plus destiné à faire des contre-maîtres pour le génie civil que des ouvriers d'art.

Dans un rapport adressé à l'empereur à la date du 19 mars 1870, par M. Louvet, Ministre de l'Agriculture et du Commerce, on lit ce qui suit : « Dès 1863, une commission, instituée sous la présidence de l'un de mes prédécesseurs, procédait à une enquête sur l'état de l'enseignement industriel en France, et se renseignait par l'envoi de délégués en Allemagne, en Suisse, en Angleterre, sur les résultats obtenus dans ces pays par les établissements consacrés à ce genre d'enseignement. Cette commission a indiqué les bases d'un projet de loi. Ce projet de loi, présenté au Corps législatif en 1867, n'est pas arrivé à la discussion publique. Le rapport de la Commission parlementaire a seulement été déposé.

Je vous propose donc, disait l'honorable M. Louvet en terminant, d'inscrire au budget de 1871 une somme de 150,000 fr. pour encouragement à l'enseignement technique.

La Commission instituée, en 1863, au lendemain de l'exposition de Londres, avait cependant été instituée pour améliorer la situation de nos industries d'art. Elle aboutissait à un résultat assurément utile mais étranger à son institution.

D'autre part, l'administration des beaux-arts, préoccupée du souci d'encourager le grand art, continuait à dédaigner nos modestes écoles de dessin des départements.

L'école des arts décoratifs à Paris, les écoles de Lyon et de Dijon étaient seules encouragées.

Les collections de nos Musées n'étaient pas utilisées au profit des ouvriers, et l'on reculait devant la nécessité chaque jour plus évidente d'instituer des Musées d'art industriel, non pas à l'exemple du South-Kensington, mais en s'inspirant des projets d'Emeric David et de Mayeuvre, que les Anglais n'ont fait que copier.

Dans nos écoles normales primaires aussi bien que dans les établissements d'enseignement secondaire qui dépendent de l'Université, rien n'était fait pour relever les arts du dessin.

Lorsque l'on examine cependant l'ensemble de la question, il n'est pas douteux que l'administration des Beaux-Arts est tenue, par l'institution d'écoles d'art spéciales, d'élargir son champ d'action, si l'Etat veut réellement relever nos industries.

Il n'est pas moins douteux que l'enseignement des arts du dessin doit être fortifié non-seulement dans nos écoles normales primaires qui forment nos instituteurs, mais encore dans les lycées et colléges communaux.

Pour donner satisfaction à cette seconde partie du programme il suffirait, croyons-nous, que l'Etat fît actuellement un sacrifice d'une somme de 60.000 fr. environ, 58.200 fr. destinés à assurer une subvention de 600 fr. à chacun des professeurs de dessin qui enseigneraient dans chacune de nos 97 écoles normales primaires, et d'ajouter à cette somme une autre somme de 100.000 fr. pour les fournitures de modèles et de moulages nécessaires aux écoles normales primaires et aux établissements de l'Université munis de bons professeurs.

Mais la présente proposition de loi vise surtout l'enseignement des arts du dessin à organiser en dehors de nos établissements universitaires.

Par cette proposition nous demandons que l'Etat vienne, au moyen de subventions, en aide aux efforts de l'initiative privée, et qu'il s'assure, par les sacrifices qu'il fera, un droit d'ingérence dans l'organisation de ces écoles. Si l'on objecte que le sacrifice exigé pour l'organisation de ces écoles sera considérable, nous répondrons qu'il n'en est rien. C'est en effet parce que nous tenons compte des efforts déjà faits par nombre de départements, de villes, de Chambres de commerce et de syndicats d'ouvriers, c'est aussi parce que l'Etat a dans les collections de nos Musées, du Garde-Meuble et de nos Palais nationaux, les éléments d'un Institut industriel sans rival, que nous nous bornons à réclamer l'inscription au Budget des Beaux-Arts d'un crédit relativement modeste de 800.000 fr.

Voici d'ailleurs comment pourrait être fait, à notre avis, la répartition de ce crédit de 800.000 fr.

§ 1. — Création d'un Musée industriel à Paris, frais de cours, conférences, surveillance, chauffage et éclairage, etc. . . . . 400.000 fr.

§ II. — Subventions pour les Ecoles de dessin créées par les départements, les villes, les Chambres de commerce, les syndicats d'arts et métiers ou les associations reconnues par l'Etat. . . 150.000

§ III. — Subventions pour la création de Musées industriels organisés par les départements, les villes, les Chambres de commerce, les syndicats d'arts et métiers ou les associations reconnues par l'Etat............................ 100.000

§ IV. — Fournitures de modèles, moulages, reproductions d'objets d'art pour les Ecoles de dessin et les Musées industriels.............. 150.000

§ V. — Frais du concours général annuel des Ecoles de dessin de Paris et des départements, bourses de voyage, médailles, etc............. 50.000

PROPOSITION DE LOI.

TITRE PREMIER

Des écoles de dessin.

Article premier.

Tout département, toute commune, toute association reconnue ou autorisée par l'Etat, qui a ouvert ou ouvrira une école de dessin pour les jeunes gens ou les jeunes filles qui se destinent à l'industrie, recevra de l'Etat, à titre de subvention annuelle, une allocation proportionnée aux ressources créées pour l'entretien de ces écoles.

Art. 2.

L'Etat fournira en outre aux susdites écoles des collections de modèles avec une réduction de 50 0/0 sur le prix de revient.

Les plâtres et moulages provenant des ateliers de l'Etat (qui recevront à cet effet le développement nécessaire), seront fournis gratuitement à la charge par les intéressés d'en acquitter les frais de transport et d'emballage.

Une liste des modèles plastiques et autres recommandés par le Conseil de l'enseignement des arts du dessin sera publiée chaque année par l'Administration des Beaux-Arts.

Art. 3.

Les écoles de dessin instituées en vertu de l'article 1er seront soumises à l'inspection que l'Etat jugera convenable d'organiser.

Les professeurs admis dans ces écoles devront être choisis par l'Administration des Beaux-Arts sur une liste de présentation soumise au Conseil supérieur de l'enseignement des arts du dessin.

TITRE II

Des musées industriels.

Art. 4.

Tout département, toute commune ou toute association reconnue ou autorisée par l'Etat qui créera un musée industriel recevra de l'Etat une collection des objets d'arts appliquée à l'industrie appartenant aux musées nationaux et reproduits par le moulage, la galvanoplastie, la gravure, la lithographie, ou tout autre procédé de reproduction.

Art. 5.

Le département, la commune ou l'association qui recevra en dépôt ces collections sera tenu d'instituer dans les musées industriels, en dehors des cours spéciaux, un cours d'histoire de l'art dans ses rapports avec l'industrie.

TITRE III

Du Conseil supérieur de l'enseignement du dessin.

Art. 6.

Il est institué à Paris auprès du Ministre des Beaux-Arts un Conseil supérieur de l'enseignement des arts du dessin.

Ce Conseil est nommé par le Ministre pour une durée de trois années sur la présentation de listes de candidats dressées par le Conseil supérieur des Beaux-Arts pour quatre membres, par le Conseil supérieur de l'enseignement technique pour 4 membres, par la Chambre de commerce de Paris pour 4 membres, et par les Chambres syndicales d'arts et métiers de Paris pour 12 membres.

Ce Conseil est composé de 24 membres.

Il lui est adjoint des correspondants désignés par le Ministre selon la forme ci-dessus, dans chacun des grands centres industriels. Le nombre de ces derniers ne pourra dépasser 40.

Le Conseil supérieur de l'enseignement des arts du dessin siégera une fois par mois sous la présidence du Ministre ou de son délégué.

Il désignera une section permanente qui sera chargée de l'examen des questions qui se rapportent aux programmes des écoles de dessin.

Chaque année, le Conseil tiendra une session du 1er au 15 août pour juger le concours qui sera institué entre toutes les écoles de dessin de la République.

A la suite de ce concours, il présentera un rapport sur l'état général des arts du dessin en France. Ce rapport sera distribué aux Chambres en même temps que le budget du Ministère des Beaux-Arts.

TITRE IV

Des Conseils de surveillance départementaux.

Art. 7.

Il est établi dans chaque département un Conseil de surveillance nommé par le Préfet sur la liste de présentation dressée par le Conseil général du département pour 2 membres, par la ou les chambres de commerce pour 2 membres, par la ou les chambres consultatives des arts et manufactures pour 2 membres, et les syndicats d'arts et métiers pour 6 membres.

Dans les départements qui n'auraient pas de chambre de commerce, ni syndicats d'arts et métiers, le Ministre désignera les membres du Conseil de surveillance sur une liste présentée par le préfet, d'accord avec le Conseil général du département.

Art. 8.

Le Conseil devra veiller à la bonne tenue et à la bonne administration de l'école ou des écoles de dessin, ainsi que des musées industriels établis dans le département et veiller à ce que l'enseignement y soit pratiqué d'une façon conforme aux intérêts des industries locales que cet enseignement a pour but de favoriser. Il désignera à cet effet une section permanente.

Art. 9.

Chaque année il jugera du 1er au 15 juillet le concours institué entre toutes les écoles de dessin du département.

A la suite de ce concours, il présentera un rapport sur l'état des arts du dessin dans le département. Ce rapport sera distribué au Conseil général en même temps que le budget départemental.

TITRE V

De l'enseignement.

Art. 10.

L'enseignement dans les écoles de dessin sera divisé en deux classes : 1° L'enseignement des principes généraux; 2° l'enseignement technique en vue des industries spéciales.

Dans la première classe, on enseignera les éléments de la théorie du dessin, les tracés de lignes dans les dimensions, les directions et les combinaisons diverses, les premiers éléments et les développements progressifs de la perspective et dessin à main levée d'après l'estampe, le plâtre et la nature.

Dans la seconde classe, l'enseignement comprendra l'application des figures géométriques à l'ornement, l'étude progressive des fragments d'architecture et d'ornements moulés sur les monuments de l'antiquité, du moyen-âge et de la renaissance, les dessins d'après nature de la figure et des objets usuels, l'exposé pratique des connaissances fondamentales des couleurs avec leurs différentes applications.

Ces programmes devront d'ailleurs être développés selon les indications des conseils de surveillance départementaux et du conseil supérieur des arts du dessin. Ces conseils pourront instituer des cours de modelage, de sculpture, de coupe, de taille, etc., selon les besoins des industries locales.

TITRE VI

Des Professeurs.

Art. 11.

Les professeurs des deux classes ci-dessus indiquées, devront être munis d'un diplôme délivré par un jury que désignera le conseil supérieur des arts du dessin. Ils seront nommés par le Ministre sur la présentation des conseils de surveillance.

Art. 12.

Ces professeurs devront, en outre, par des exercices que leur imposeraient les examinateurs et qui seraient ultérieurement déterminés par le conseil supérieur des arts du dessin, prouver qu'ils ont des connaissances sur l'histoire de l'art en général, dans son application aux différentes industries.

TITRE VII

Du concours.

Art. 13.

Le concours général donnera droit, pour les douze premiers lauréats, à l'obtention d'une bourse de voyage qui sera attribuée dans des conditions à déterminer ultérieurement.

TITRE VIII

Des subventions.

Art. 14.

ll est ouvert au Ministre de l'Instruction publique et des Beaux-Arts, pour l'exercice 1880, au chapitre XLI de ce budget, une somme de 800.000 francs destinée à subvenir à l'application de la présente loi.

VERSAILLES.—CERF ET FILS, IMPRIMEURS DE LA CHAMBRE DES DÉPUTÉS, 59, RUE DU PLESSIS.